17の目標

産業と技術革新の基盤をつくろう
世界中にしっかりとしたインフラを作り、産業発展につなげよう。

人や国の不平等をなくそう
国どうし、国民の間の貧富の差や不平等をなくそう。

住み続けられるまちづくりを
すべての人が、安全でくらしやすい家や町に住めるようにしよう。

つくる責任つかう責任
ものを作る人も使う人も、未来のことを考えて、しげんをむだにしないくふうをしよう。

気候変動に具体的な対策を
地球の気温が上がるのをふせぎ、その悪えいきょうをなくしていこう。

海の豊かさを守ろう
海の生態系を守り、海のしげんをたもとう。

陸の豊かさも守ろう
陸の動植物を守り、豊かな自然の力を取りもどそう。

平和と公正をすべての人に
すべての暴力をなくし、法律の下で争いごとをみんなで解決できる世の中にしよう。

パートナーシップで目標を達成しよう
世界中の人たち、まわりの人とで力を合わせ、目標を達成しよう。

カブトムシが地球をすくう！

フードテックとSDGs

①

カブトムシから
はじまる循環型社会

監修

石川伸一

（宮城大学 食産業学群 教授）

フレーベル館

はじめに

フードテックとは、
「食品（Food）」と「ぎじゅつ（Technology）」を
組み合わせたことば。

食に関する最新のぎじゅつのことで、
最近ますます注目を集めています。

というのも、フードテックは
SDGs（持続可能な開発目標）*でかかげられている、
かんきょうおせんや資源の再利用、飢餓や貧困の問題など、
地球がかかえるさまざまな課題を解決できる可能性があるからです。
*目標2「飢餓をゼロに」、11「住み続けられるまちづくりを」、
12「つくる責任 つかう責任」、15「陸の豊かさも守ろう」など

このシリーズでは、フードテックを使ってさまざまな課題を解決し、
地球をすくおうとがんばっている人の仕事をしょうかいしています。

かれらのチャレンジに注目しながら、
「自分には何ができるだろう？」と考えてみてください。

きっとあなたにも、地球をすくう力があるはずです。

石川伸一
（宮城大学 食産業学群 教授）

もくじ

**1章
カブトムシってすごい！** ……… 4

**2章
カブトムシでどんなことができるの？** ……… 10
①ごみをへらせる！ ……… 10
②ふんを肥料にできる！ ……… 12
③養しょく魚のえさにできる ……… 14
④地いきが元気になる ……… 16
⑤カブトムシを通じてSDGsを学ぶ ……… 17
ヘラクレスオオカブトのプラントをチェック！ ……… 18
コオロギが食べられるってホント⁉ ……… 20

**3章
「循環型社会」で未来を変えよう！** ……… 22
循環型社会とは ……… 22
今は"使い捨て"社会 ……… 24
できることをやってみよう！ ……… 26
未来の社会を想像しよう！ ……… 28

**おまけ
カブトムシで地球をすくう！** ……… 30

1章 カブトムシってすごい！

おさないころからカブトムシが大好きだった石田さんは、カブトムシをあつかう商売を始めます。しかし、とちゅうで大失敗！ ただ、その失敗を乗りこえようとしたことがきっかけで、「カブトムシで地球をすくえるかも！」と気づくようになりました。自分で新しい道を切り開いた石田さんの物語とは――。

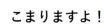

*くわしくは本書の見返しを見てください。

食べ物を作るときに出るごみを、カブトムシのえさにする――

そのえさを食べて出されるカブトムシのふんを今度は食べ物を作るときの肥料にして、うまくぐるぐる循環できれば……。

地球のごみ問題のひとつを解決できるかもしれない!!

おー！　なるほど！

それからぼくは研究を重ねた――

ムシャ　ムシャ　ムシャ

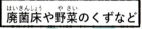

そして、廃菌床をよく食べるカブトムシを作りだすことに成功したんだ！

よく食べる × よく食べる ＝ もっとよく食べる

こういうカブトムシをふやそう！

うちにも売って！

どうやって飼育するの？

ウイウイ

こうやってぼくの会社 TOMUSHI は大きくなっていったのでした～！

へ～

今は有機ごみの資源化だけじゃなく、ほかの問題でもカブトムシで地球をすくえないか考えているんだ！

カブトムシってすごいんだなあ～！

カブトムシのすごいところをもっと知りたい！

すごい興味でてきちゃった！

それじゃあ TOMUSHI を見に来るかい!?

いいんですか!?

大かんげいだよ！

ヤッター！

2章 カブトムシでどんなことができるの？

①ごみをへらせる！

きのこを栽培したあとに出るごみを、カブトムシに食べさせる取り組みが行われている、福岡県大木町のきのこ工場で取材したよ。

きのこ工場では、1日およそ1万パックのきのこ（ぶなしめじ）を出荷する。そして同じ数だけ「菌床」がすてられる。それは、きのこ1パックにつき、菌床1台が必要だからだ。

出荷するきのこ / 菌床

菌床はきのこのベッドね！

ごみが大量に出る

1日にすてられる廃菌床の山は、トラック1台分になる。一部はもう一度菌床にしたり、畑の肥料にしたりするが、ほとんどは「ごみ」としてすてられている。

廃菌床のウラガワに注目！

TOMUSHIがかかわっている福岡県大木町は、西日本有数のきのこの産地。それだけに毎年、1万トン以上の廃菌床が発生し、その多くはごみとしてすてられていた。農家が出すごみは「農業ごみ」とよばれ、ごみ処分業者に有料で処分してもらうことがほとんどだ。

カブトムシの可能性を知り、地球の問題に向き合おうと考えた石田さん。では、じっさいにどんなことをしているかを、5つに分けてしょうかいします。ごみをへらすだけでなく、食料不足、地いき活性化などさまざまな問題を解決するのに、カブトムシがどのようにかつやくしているか、見ていきましょう。

TOMUSHIのフードテックで菌床をえさに変えるよ！

幼虫に食べさせる

すてるはずだった菌床を、カブトムシの幼虫のえさとしてあたえる。幼虫は1ぴきで1か月約1.2キログラムの菌床を食べる。取材したきのこ工場ではだいたい1200ぴき育てているので、全部で約1440キログラムもの菌床をえさとして活用することになる。

安心してきのこを栽培できる

ぎじゅつを買ってもらう

きのこ農家　石田さん

きのこ農家は菌床をすてる手間がなくなり、成虫になったカブトムシを売ることで収入ができる。

　きのこ農家ではたくさんの菌床を使いますが、いらなくなった菌床はほとんどをすてていました。近くの農家に畑の肥料として使ってもらうこともありますが、運ぶのにお金がかかるし、使ってくれる人をさがすのもたいへんです。
　TOMUSHIの取り組みは、菌床をすてずに、カブトムシの飼育に利用します。TOMUSHIのフードテックを利用することで、ごみを出さずにすみます。

②ふんを肥料にできる！

カブトムシの幼虫は、使わなくなった菌床を食べるだけではなくて、
すごいパワーをもったふんを出す。
そのふんを利用する取り組みも始まっている！

ふんが出る！

幼虫のふんは表面にたまる。表面がふんでおおいつくされたら、取りのぞいて肥料にする。カブトムシの幼虫1ぴきが、1日に約20このふんをする。

プラントで幼虫を育てる

廃菌床を入れた土の中で、カブトムシの幼虫を育てる。幼虫が元気にすごせるよう、しめり気や温度にも気をつけている。この箱の中で、だいたい100ぴきの幼虫を育てている。

石田さんのカブトムシの商売

TOMUSHIはカブトムシを育てるせつび（プラント）などのフードテックをきのこ農家に売り、農家は育てたカブトムシをTOMUSHIに売る。また、TOMUSHIが廃菌床を買ってカブトムシを育てる商売も行っている（→14ページ）。

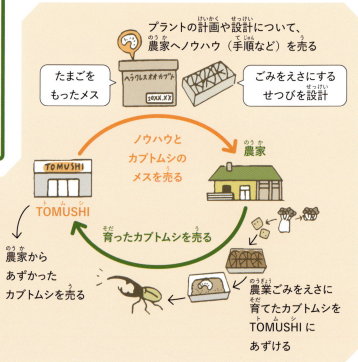

カブトムシのふんの ウラガワに注目！

カブトムシの幼虫のおなかの中には「ちっ素」を取りこむ細菌がすんでいるので、ふんにもちっ素がたくさんふくまれている。ちっ素は土の中に入るとたんぱくしつなどのもとになり、植物を成長させるんだ。

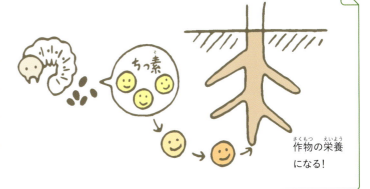

作物の栄養になる！

ふんを肥料にする！

カブトムシのふんを肥料にして、作物を育てる計画が始まっているよ！
(→ 22ページ)

今はおもに、きのこ農家が自分の畑で肥料として使っている。

きのこ農家だけでなく、野菜やくだものの農家にとっても、農業ごみの処分はなやみの種。しゅうかくを終えたあとの畑は、栽培に使った木材などが多くのこり、業者にお金をはらって処分してもらっていました。

しかし、石田さんの考えたフードテックが、これからいろいろな農家で活用できるようになると、カブトムシを使って安くごみを処分できるうえ、栄養たっぷりのふんを次の栽培の肥料として利用できます。

③養しょく魚のえさにできる

養しょくとは、魚などを人が食べるために育てること。養しょくで使うえさに、カブトムシのたんぱくしつを使う取り組みが始まっているよ。たんぱくしつはプロテインともよばれ、体を作るだいじな栄養素だ。

TOMUSHIが買うよ！

農家から廃菌床が運ばれる

廃菌床を幼虫が食べる

たんぱくしつに加工することを目的に育てるため、TOMUSHIが開発した成長スピードが速い種類の幼虫を、できるだけたくさん育てる。

TOMUSHIのぎじゅつでこなにする

成長した幼虫をかんそうさせて、細かいこなにする。TOMUSHIが加工するタイミングなどを研究し、栄養たっぷりのこなにする方法を開発した。

フードテックだね！

カブトムシの飼育はコンパクト

カブトムシにふくまれるたんぱくしつは、わたしたちがふだん食べている牛肉などとくらべると、とても多い。しかもカブトムシはコンパクトに育てられるため、地球かんきょうにやさしい。というのも牛は、飼育に広大な土地や大量のえさ、水が必要になるため、かんきょうはかいの原因につながると考えられているからだ。

石田さんの研究のウラガワに注目！

カブトムシにかぎりない可能性を感じている石田さんが、今取り組んでいるのは、薬の開発だ。カブトムシの幼虫から出る油には、体を守るめんえき力につながる「オメガ3しぼうさん」という成分があることがわかった。これを薬に利用できないか、研究を重ねている。

カブトムシで病気が治せるかも!?

こなをえさにする

カブトムシのこなを魚のえさに加えて、たんぱくしつをふやす。たんぱくしつは魚の成長につながるだいじな栄養素。

栄養たっぷりのえさになるよ

魚に食べさせる

カブトムシを利用したえさで、たくさんの魚が大きく育つ。その魚がいつか、みんなのごはんになる。

魚だけでなく、家ちくのえさなどにも使われはじめている。

魚の養しょくや、牛、ブタ、ニワトリを育てるのに使われるえさの原料の約半分は、魚をこなにした「魚粉」。しかし、最近はとれる魚の量がへっているので、魚粉のねだんはどんどん高くなっています。

そこで、今、たんぱくしつが豊富なカブトムシが、えさの原料として注目されているのです。しかも、ごみを食べて育ったカブトムシをえさに使うことで、地球にやさしい養しょくができます。

④地いきが元気になる

カブトムシを生かした取り組みで人をよび、地いきに住む人たちとつなぐことで、地いき全体が元気になるよ。

カブトムシを使った事業がふえる

カブトムシを育てたり、研究したりする人が地いきに必要になる。

いい流れが生まれている！

働きたい人が集まる

カブトムシが好きな人、くわしく研究している人、とくべつなぎじゅつをもつ人が仕事をするために集まる。

住む人がふえる

働き、生活する人がふえる。

わかい人がふえる

わかい世代がふえ、町がいきいきする。

福岡県大木町のウラガワに注目！

福岡県大木町は、生ごみはごみとしてすてず、肥料としてリサイクルするルールがある。住む人みんなが、ごみの分別や出し方を守って、ごみをへらすようがんばっている町だからこそ、TOMUSHIの考え方に共感する人が多いようだ。

福岡県大木町のほかにも、カブトムシを利用する取り組みが全国に広がっています。障がい者が働くふくし作業所と協力して、カブトムシを育てている自治体も。カブトムシを中心とした地いきのつながりが生まれています。

⑤カブトムシを通じてSDGsを学ぶ

カブトムシにふれて楽しむだけではなく、すごいパワーがあることを知ってもらうためのイベントを、いろいろな地いきで開いている。

楽しく学べるなんてサイコー！

> カブトムシから かんきょう問題を 学べる

> このカブトムシは 何を食べて 育ったのかな？

> カブトムシの ふんって すごいんだね！

TOMUSHIは、カブトムシを売る商売ではなく、カブトムシのすごさを伝えるためにイベントを始めた。子どもたちが、SDGsを学ぶよいチャンスにもなっている。

イベントでとくに人気！

サタンオオカブト

エレファントゾウカブト

ネプチューンオオカブト

イベントの ウラガワに注目！

TOMUSHIのイベントでは、カブトムシを見せるだけでなく、その地いきでごみの処理に取り組む会社と協力してかんきょう問題を話し合うこともある。イベントは同じ目標をもつ会社とつながるきっかけにもなっている。

ごみや食料の問題は、遠い世界のことと思いがち。でも、今、目の前にいるカブトムシがそれらの問題に役立っていると知ることが、「自分に関係する問題」だと知るきっかけにもなります。

*くわしくは本書の見返しを見てください。

フードテックをいかした ヘラクレスオオカブトのプラントをチェック！

ヘラクレスオオカブトを育てている、きのこ農家のプラントにおじゃましましたよ。小さなたまごから幼虫になり、大きな成虫になるまでを追ってみよう。

たまごを集める

> たまごをもっているメスは、TOMUSHIからわたしているよ！

> たまごの大きさは直径5ミリメートルくらい

メスのヘラクレスオオカブトが土の中でたまごを産んだら、ひとつずつ分けて、かえるまで見守る。1回に産むたまごは20～30こ。

> えさは廃菌床を発酵＊させて作っている。
> ＊菌のはたらきで変化させること

幼虫になる

> かえったばかりのときは8～10ミリメートルくらい

15～30日くらいでたまごからかえる。かえったばかりの幼虫は、体も小さく、すけすけ。

えさの中に入れる

> 土の中にもぐってえさを食べているよ～

体の色がはっきりしてきたら、えさの中に入れて育てる。

ほかのカブトムシも！

ほかにも、サタンオオカブト、ネプチューンオオカブトなど約10種類の売るためのカブトムシを、1ぴきずつ育てている。

かっこいいでしょ！

ヘラクレスオオカブト登場！

さなぎになってから4週間ほどで羽化。
15センチメートルくらいの成虫になる！

ヘラクレスオオカブトのオス

しっかり育てる

たまごからかえって6か月くらい

2回だっぴ（脱皮）して、10センチメートルくらいまで成長するよ。

すごく大きくなってる！

たまに土の外に出して、健康じょうたいや重さをチェックし、だいじに育てる。

さなぎになる

ときどき動くよ！

もう角がはっきりわかるね！

1年3か月たってさなぎになったら、専用スペースにうつす。

フードテックでかつやくする虫はほかにも！

コオロギが食べられるってホント!?

カブトムシのほかにも、フードテックの世界で注目されている虫はまだあるよ。コオロギもそのひとつ。さまざまなぎじゅつを使って、コオロギを食品に加工した「コオロギフード」をしょうかいするよ。

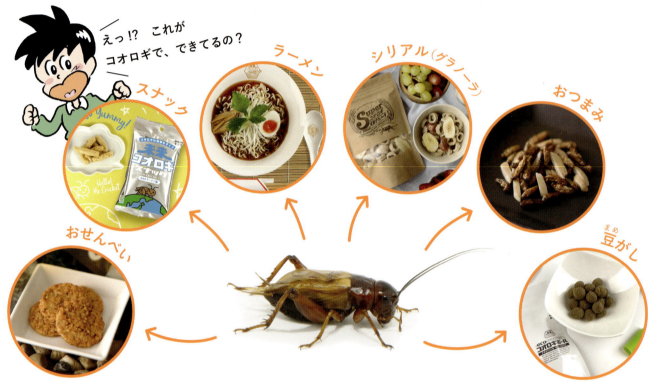

コオロギのすごいところ！

①たんぱくしつがたっぷり！

栄養が多く、とくにたんぱくしつをたくさんふくんでいる。

②育てやすい！

コオロギはなんでも食べるし、せまいところでもよく育つ。

③成長が速い！

コオロギは、約40日で成虫になり、食べられるようになる。

参考：Natteewan Udomsil et al., 'Nutritional Values and Functional Properties of House Cricket (Acheta domesticus) and Field Cricket (Gryllus bimaculatus)', Food Science and Technology Research, 25(4), 597_605, 2019、日本食品標準成分表 2020年版（八訂）

コオロギフードができるまでを見てみよう！

コオロギを育てる！

プラスチックの養しょくケースひとつに、コオロギの幼虫を1000びきくらい入れる。

室温を調整しながら、幼虫にえさをあたえ、40日くらいかけて成虫まで育てる。

コオロギフードはMNHという会社が作っているよ！

コオロギを加工する！

成虫になったコオロギをしゅうかくし、熱をかけてかんそうさせる。

そのままだけでなく、こななどにして、さまざまな食べ物に利用する。

さまざまな商品に！

いろいろなコオロギを味わえる自由研究用セット！

MNHの商品はパッケージデザインもくふうされていて、手にとりやすいのがとくちょう。

なぜコオロギフードを作ったの？

わたしたちは「買いやすく、食べやすく、そしておいしく」をモットーに、2017年からコオロギフードを作って売っています。近い将来に起こると考えられている、世界的なたんぱくしつ不足。そのときにそなえて、ほかの食べ物を選べるようにしたいという思いで取り組んでいます。

MNH 取締役社長
小澤尚弘さん

養しょく現場撮影協力：ハイジェント株式会社

3章 「循環型社会」で未来を変えよう！

循環型社会とは

循環とは、ひと回りして元にもどること。TOMUSHIはカブトムシの力を借りて、ごみを出さない社会の仕組み作りに取り組んでいます。

今は…

今はごみをへらせているけど循環はしていないね

ふんが肥料になる
農家はしつのよい肥料が手に入る。

カブトムシが収入になる
カブトムシを売ることで農家にお金が入る。

未来は…

廃菌床をえさにしてカブトムシを育てる
廃菌床をカブトムシの幼虫が食べてふんを出し、成虫に育つ。

国産の原料できのこを育てる
輸入にたよらず、地元の原料で作った菌床で、きのこを生産できるようになる。

ふんを使ってトウモロコシを育てる
カブトムシのふんをすてずに集めて、大きぼなトウモロコシ畑に使えるようにする。

22

カブトムシの可能性を生かした取り組みは、むだを出さない「循環型社会」につながっています。循環型社会とは、どのような仕組みなのかを見ていきます。また、かなえたい未来のために、わたしたちが今できることを考えてみましょう。

ごみは、そのまますてるとお金がかかるし、かんきょうにもよくありません。でも、カブトムシによって、ごみがえさとなり、そのふんで作物を育てて、ふたたびきのこ栽培につながる……このように、ごみを資源として循環させる取り組みを広げることが、地球の未来を考えるうえでとても大切です。

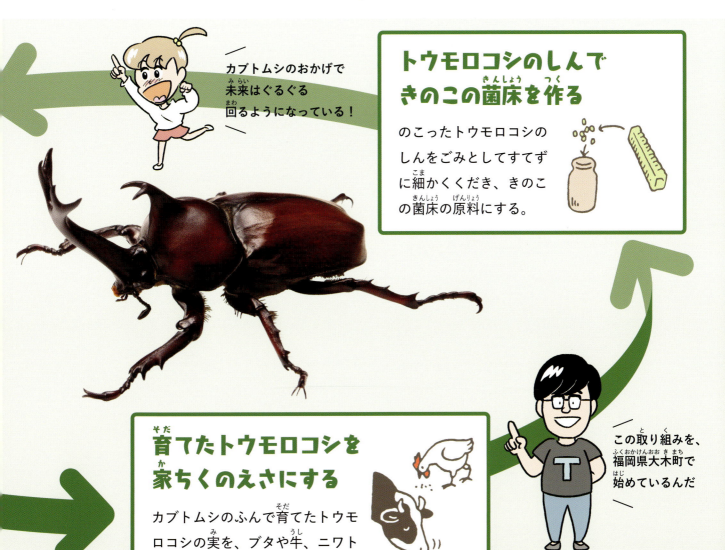

カブトムシのおかげで未来はぐるぐる回るようになっている！

トウモロコシのしんできのこの菌床を作る

のこったトウモロコシのしんをごみとしてすてずに細かくくだき、きのこの菌床の原料にする。

この取り組みを、福岡県大木町で始めているんだ

育てたトウモロコシを家ちくのえさにする

カブトムシのふんで育てたトウモロコシの実を、ブタや牛、ニワトリなど家ちく動物のえさにする。

今は"使いすて"社会

今の日本は、資源をごみにしてしまう「使いすて」が中心になっています。食べ物の生産から消費までの流れを見て、問題点をさがしてみましょう。

わたしにできることはなにかな？

生産者が食べ物を作る

わたしたちがふだん食べている米や野菜、肉、牛乳などは、農家の人が大切に育てて作っている。

加工業者が食べ物を加工する

お店で売るためのべんとうやそうざい、レストランで出すための食事などを作る。

作る ＞ 加工する

すてる 形が悪い、たくさん売るとねだんが下がるなどの理由で、作ってすぐにすてられる食べ物がある。

すてる 売り切れないよう多めに作った分や、のこされた食べ物がすてられる。

こんなにすてているなんて、知らなかった！

「使いすて」は、わたしたちの身近なところで行われています。その代表的な例は食べ物。わたしたちの手にとどく前に、たくさんの食べ物がすてられています。そのおもな理由は「形のきれいな食べ物がいい」「賞味期限が切れた」など。このような理由だったら、一人ひとりの心がけで、使いすてはへらせそうです。

スーパーなどで食べ物を売る
食べ物はパックづめして、スーパーなどのお店に運ばれる。

消費者が食べ物を買って食べる
家で食べるために、消費者であるわたしたちがいろいろな食べ物を買い、食べる。

売る → 買う

すてる　おいしく食べられる期限（賞味期限）をすぎてしまった食べ物などが、ごみになってしまう。

すてる　買いすぎたり、食べのこしたりしたものがごみになる。

どうすればいい？
ごみを出さない社会を目指し、わたしたちの行動を変えよう！

- 形が悪くても買う
- すぐに食べるなら、賞味期限が近いものを買う
- たのみすぎない、買いすぎない
- 自分の食べられる量を知る

25

できることをやってみよう！

循環型社会は、地球にすむ一人ひとりが目指すべきこと

今チャレンジすることが、いつか地球をすくうことにつながるかもしれない。
小さな一歩でも、地球や社会がかかえる問題を解決していけるんだ。
SDGsの「17の目標」をカギに、自分に何ができるか考えて、アクションを起こそう！

ごみの使い道を考える

植物の肥料にする仕組みを作った！

陸の豊かさも守ろう

自分の食べられるちょうどいい量を知る

それぞれの食べるちょうどいい量をデータ化できた！

飢餓をゼロに

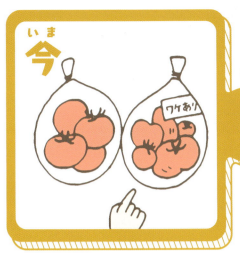
不ぞろいの野菜を買う

農家から出るごみを
ゼロにできた！

つくる責任
つかう責任

地元産の魚の
おいしさに目覚める

研究を続けて、新しい
ビジネスを完成させた！

海の豊かさ
を守ろう

地元の行事の実行委員になる

町のみ力をSNSで発信してイメージ
アップ！　うつり住む家族がふえた！

住み続けられる
まちづくりを

おまけ カブトムシで地球をすくう！

カブトムシで循環型社会を目指す石田さん。日本だけでなく、海外でも商売を広げようとしています。カブトムシも人もすみやすくなる地球を目指して、石田さんのゆめは世界へ羽ばたきます。

監修 石川伸一(いしかわしんいち)

宮城大学食産業学群教授。東北大学農学部卒業。東北大学大学院農学研究科修了。北里大学助手・講師、カナダ・ゲルフ大学食品科学部客員研究員などを経て、現職。専門は、食品学、調理学、栄養学。食を「アート×サイエンス×デザイン×エンジニアリング」とクロスさせて研究している。主な著書に『クック・トゥ・ザ・フューチャー』（グラフィック社）、『「食べること」の進化史』（光文社）、『分子調理の日本食』（オライリー・ジャパン）、『料理と科学のおいしい出会い』（化学同人）など多数。

デザイン	Yoshi-des.（石井志歩、吉村 亮）
まんが・イラスト	ニシノアポロ
イラスト	さいとうあずみ
撮影	横田裕美子（STUDIO BANBAN）
編集	WILL（西野 泉、片岡弘子）、原かおり
校正	村井みちよ
写真	TOMUSHI、MNH、PIXTA

フードテックとSDGs
①カブトムシからはじまる循環型社会(じゅんかんがたしゃかい)

2024年11月　初版第1刷発行

発行者　吉川隆樹
発行所　株式会社フレーベル館
〒113-8611 東京都文京区本駒込6-14-9
電話　営業03-5395-6613　編集03-5395-6605
振替　00190-2-19640
印刷所　TOPPAN株式会社

NDC588
32p
27 × 22 cm
Printed in Japan

ISBN 978-4-577-05303-4
©フレーベル館2024
乱丁・落丁本はおとりかえいたします。
フレーベル館出版サイト　https://book.froebel-kan.co.jp

国連SDGsHP　https://www.un.org/sustainabledevelopment/
The content of this publication has not been approved by the United Nations and does not reflect the views of the United Nations or its officials or Member States.

本書のコピー、スキャン、デジタル化等無断で複製することは、著作権法で原則禁じられています。また、本書をコピー代行業者等の第三者に依頼してスキャンやデジタル化することも、たとえそれが個人や家庭内での利用であっても一切認められておりません。さらに朗読や読み聞かせ動画をインターネット等で無断配信することも著作権法で禁じられておりますのでご注意ください。

フードテックとSDGs

① カブトムシから はじまる 循環型社会

② エビとトマトで 持続可能な 食料供給

③ 大豆パワーで 未来の食卓を まもる

監修 石川伸一（宮城大学 食産業学群 教授）

SDGsと食は深く結びついている

かかれるSDGsの目標

陸の豊かさも守ろう

ごみがたまる
農業を行って出る「農業ごみ」が、大きな社会の問題になっている。

働きがいも経済成長も

ごみの処分にお金がかかる
農家は仕事がたいへんなうえに、もうけが少ないといわれている。なり手が大きくへっている。

気候変動に具体的な対策を

燃やして処分する
ごみを燃やすことで出る温室効果ガスで、地球温暖化が進む可能性がある。